Les Flammes Jumelles

ISBN : 978-2-36188-879-4

www.editions-tredaniel.com
info@guytredaniel.fr
www.facebook.com/editions.tredaniel
@tredaniel_eso

Amaïa

Préface de Michel Dourthe

Les Flammes Jumelles

La clé du parcours, l'Amour !

ÉDITIONS
EXERGUE
27, rue des Grands-Augustins
75006 Paris

« À toi mon amour éternel,
qui m'enseignes. Que l'Univers
et les anges nous protègent
dans notre mission divine. »

Amaïa

« Je cache ce que j'ai de plus précieux
dans mon cœur :
ma Flamme jumelle. »

Amaïa

Sommaire

Préface

Après un premier livre autobiographique, *De directrice à médium, il n'y a qu'un pas*, Amaïa réitère cette fois-ci l'essai en parlant d'un sujet souvent méconnu : les Flammes jumelles.

Dans cet ouvrage, l'auteure aborde de manière très compréhensible et fluide les Flammes jumelles en les différenciant dans un premier temps des Âmes sœurs et des Âmes jumelles souvent confondues.

Ce livre facile à lire apporte des informations intéressantes récoltées *via* de nombreuses lectures, d'expériences vécues de retrouvailles de Flammes jumelles et de messages canalisés de la Source.

On comprend alors au fur et à mesure de la lecture que seuls l'amour et le pardon entre autres peuvent permettre cette réunification d'âmes souvent incompréhensible de part et d'autre afin de faciliter ces retrouvailles et d'en extraire la quintessence.

Des pistes de réflexion sont enfin abordées pour sublimer ces retrouvailles en trésor.

Michel DOURTHE
Médium, auteur, conférencier

Introduction

Fée alchimiste de l'âme et artiste médiumnique, j'accompagne des femmes et des hommes spirituels à se libérer de leurs blessures émotionnelles, à s'épanouir et à retrouver leur joie de vivre. Je transforme leurs blessures en véritable trésor comme une fée alchimiste de l'âme.

Je les accompagne à dépasser leurs peurs, à sortir de leur zone de confort pour retrouver leur magie intérieure et à s'éveiller vers ce nouveau monde.

Le chemin est très souvent sinueux et complexe, mais la finalité est toujours merveilleuse et spectaculaire.

Dans ma clientèle, je rencontre de nombreuses personnes qui traversent des périodes douloureuses dans leur existence. Certaines sont sur le parcours des Flammes jumelles.

Elles connaissent véritablement des périodes très sombres. J'apparais, en général, dans leur vie à ce moment-là pour leur donner les clés de leurs voies sacrées et les aider à transformer leurs épreuves en véritables trésors.

Grâce à mon accompagnement et surtout à leur envie d'avancer, elles s'en sortent grandies. Nous travaillons ensemble, main dans la main, sur plusieurs dimensions, que ce soit au niveau physique, psychologique, émotionnel ou karmique. Le travail sur les différents plans est nécessaire pour venir épurer l'âme et poursuivre la route vers son chemin lumineux de l'éveil.

J'aime découvrir et comprendre ce qui se joue lors de cette période difficile. Lors de mes recherches sur le sujet, j'analyse le mécanisme et les enjeux.

J'ai pu interviewer également une quarantaine de personnes qui vivent le parcours des Flammes jumelles. Les échanges ont pu mettre en lumière mes recherches et venir agrémenter les messages de la Source.

J'ai lu de nombreux ouvrages et j'ai assisté également à des conférences.

Je ressens très vite une très grande méfiance de la part des personnes entendues comme pour protéger cette union sacrée. Il y a aussi beaucoup d'incompréhension de la part de certaines personnes qui mélangent l'amour sacré et l'amour toxique.

Le concept est relativement méconnu et même parfois galvaudé. On le confond souvent avec les relations toxiques tellement l'épreuve est difficilement surmontable.

Le lien entre les Flammes jumelles est très complexe, intense et douloureux. Il demande une prise de conscience, de prendre de la hauteur sur la situation pour ne pas se laisser enfermer par ses émotions et ses blessures émotionnelles.

Cette épreuve est d'autant plus difficile à surmonter, si les personnes n'ont pas déjà entrepris un travail sur elles dans les développements personnel et spirituel.

Très souvent, cette période s'accompagne d'une grande remise en question personnelle.

Je parle aisément du sujet pour l'avoir traversé un jour dans ma vie. Ce livre ne fait pas le récit de mon histoire personnelle. Il s'agit ici d'un manuel qui va vous proposer de découvrir, de manière très simple, le fonctionnement des Flammes jumelles.

Il s'agit de ma vérité et de ma façon de ressentir les choses. Bien entendu, chacun est libre d'avoir un avis différent quant à mes propos.

Le parcours des Flammes jumelles demande de bien en comprendre les enjeux et les mécanismes.

L'amour est la clé qui permet de se dépasser et d'accéder à l'éveil merveilleux des Flammes jumelles.

Mes guides m'encouragent dans l'écriture de ce livre et me font vivre chaque émotion avec intensité avant que je ne les couche sur papier.

« La liberté est la couronne de la vie.
Sois attentif à la garder et à la vivre au quotidien. Sois le maître de ta destinée, écoute ton cœur et ta toute-puissance.
Écoute les messages de l'Univers avec ton cœur. Tu es un être d'amour et d'exception. Tu es celle par qui le message passera et l'amour jaillira.
Écoute ton cœur, nous t'aimons. »

Mes guides

(texte canalisé le 16 juillet 2023)

La Source m'accompagne, également, dans cette quête de compréhension pour vous aider à grandir dans la joie et vous encourager sur votre chemin de vie sacré[1].

« Regarde et lis ce livre dans la joie
et dans l'AMOUR, ne sois pas dans
le jugement, élève ta conscience
vers quelque chose de plus haut. Vibre
l'AMOUR et tu rejoindras
ta part divine. »

La Source

1. Les textes ou les phrases mis en gris dans le livre sont issus de la Source. Je les ai canalisés lors de l'écriture de cet ouvrage.

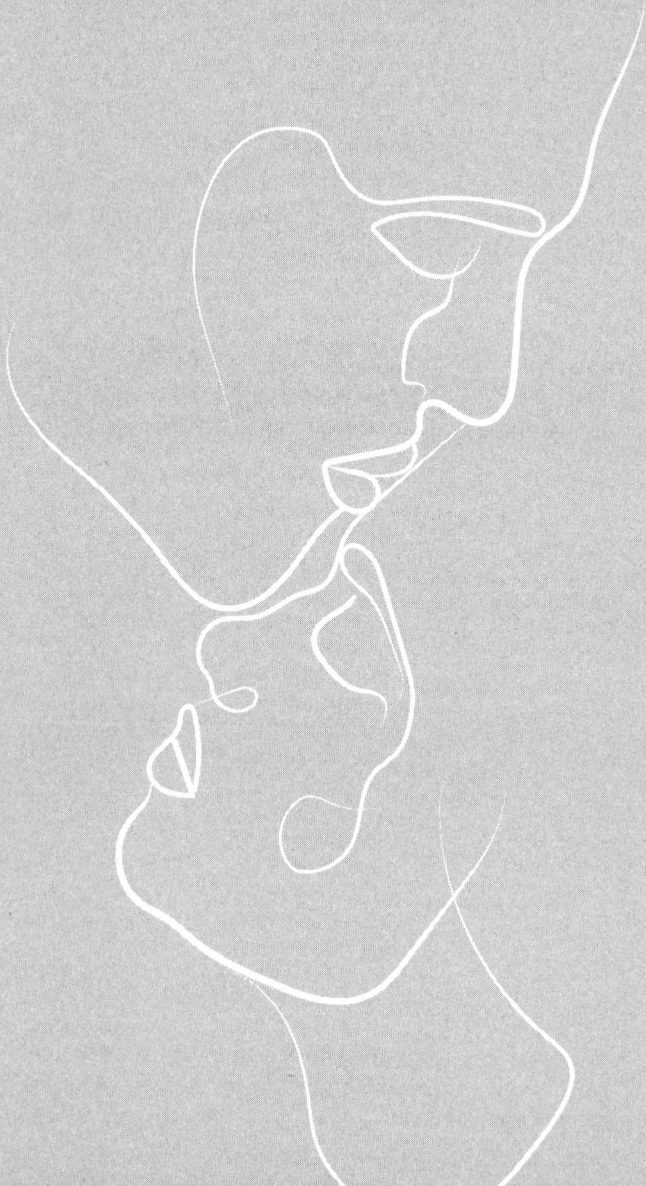

Les Flammes jumelles

« La lumière de ton cœur est le phare qui éclaire ma nuit sur le chemin du bonheur éternel. »

Amaïa

« L'amour vous réunira un jour dans cet Univers. La rencontre est proche et douce. Il y aura beaucoup de sensibilité et de bienveillance entre vous deux. Vos cœurs sont prêts pour cette rencontre et ce moment divin. Ta Flamme jumelle t'aime d'un amour pur et divin. »

Mes guides

(texte canalisé le 23 juillet 2023)

Qu'est-ce qu'une Flamme jumelle ?

L'âme est issue de la Source à sa naissance. Dans le cas des Flammes jumelles, au début de sa création, l'âme se divise en deux (feux blancs) et se dépose dans deux êtres différents. Tous deux venant d'une essence unique, mais dans deux corps différents. Cette division crée une brèche, la blessure originelle des Flammes jumelles qui ne va avoir de cesse de rechercher de l'amour.

« Chères Flammes, je n'ai pas voulu cette séparation. Mais vous étiez bien trop fortes pour être dans un seul corps. Je vous aime d'un amour fort et sincère. N'oubliez pas votre lumière et l'amour divin de la Source en vous. »

La Source

En se retrouvant, il se passe entre les Flammes jumelles une véritable alchimie, une fusion. Il s'agit d'un amour divin, unique et absolu. Il y a une complétude physique et spirituelle.

Les Flammes jumelles ont une mission d'incarnation très particulière autour de l'ascension spirituelle. Ce sont de vieilles âmes.

Une connexion s'est créée dès les premiers instants de la rencontre qui est souvent magique.

Chacune a des charges et des dettes karmiques des différentes incarnations avec très régulièrement des blessures émotionnelles du rejet et de l'abandon.

Les Flammes jumelles ne partagent pas toujours les vies antérieures, même si après plusieurs recherches, je constate que beaucoup d'entre elles ont déjà eu plusieurs vies ensemble. Les rencontres sont toujours très fortes mais épisodiques, parfois, il faut plusieurs incarnations pour qu'elles puissent se retrouver.

Le nombre de contrats d'âmes entre les Flammes jumelles est incommensurable. Les Flammes s'enseignent entre elles un maximum de leçons.

Elles ont des guides spirituels différents, mais liés énergétiquement. Les Flammes jumelles ont les mêmes besoins profonds.

Dès qu'un guide agit sur l'une, cela agit sur les deux Flammes.

Leur taux vibratoire est exactement le même en tout temps. Les énergies se font écho entre elles et cela même si elles vivent séparées, à des distances très éloignées.

Leur parcours de vie est relativement similaire dans son ensemble. Pour certaines Flammes jumelles, des dates clés de leur vie peuvent être similaires (dates de naissance des enfants, dates de mariage, etc.). Elles peuvent avoir rencontré les mêmes personnes sur leur route, avoir fait les mêmes expériences ou les mêmes formations. On trouve de nombreuses similitudes dans leur expérience de vie.

Pour les Flammes jumelles, il n'y a pas de limites entre l'autre et soi. Leur but est de monter en vibration, ascensionner en s'élevant spirituellement et mutuellement, pour faire grandir la conscience collective.

Elles portent des noms spécifiques comme pour mieux les reconnaître. Il y a le « Chaser », celui qui sait, qui court derrière le « Runner » et qui travaille sur lui. Il est construit sur une blessure d'abandon assez forte.

Et le « Runner » est souvent dans l'ignorance de la relation, il fuit, il écrit de manière succincte et sollicite l'autre parfois. Plus léger, il se laisse porter dans la relation. Il a du mal à comprendre les mécanismes qui le dirigent. Il s'est construit sur une blessure du rejet et a un visage de façade.

Les rôles peuvent être interchangeables selon les situations et l'évolution de l'âme des Flammes jumelles.

Nous n'avons qu'une Flamme jumelle, c'est un choix d'incarnation, un amour intense, mais ce n'est pas le seul moyen de vivre un grand amour.

Tout le monde n'a pas de Flammes jumelles, ce n'est pas essentiel à l'évolution spirituelle. Pour être juste, c'est même très rare : environ 3 % de la population mondiale. Mais les chiffres en la matière ne sont qu'une estimation tellement le sujet est méconnu.

La relation entre les Flammes jumelles n'est pas caractérisée par de la douleur seule. Cette dernière n'est ni traumatique ni abusive. Le but est de pouvoir assumer la mission de vie.

C'est un véritable parcours alchimique, où l'ego se transforme dans la conscience spirituelle.

L'ego ne laisse jamais de répit et voyage dans le passé pour le reconstruire et dans l'avenir pour l'imaginer. Il nous empêche d'être dans le présent pour nous élever et devenir l'esprit.

Moins d'ego donne plus de place à la divinité en nous. Ce n'est pas le travail d'une seule vie mais ce qui est acquis le sera pour toujours.

Pour se libérer de l'ego, il suffit de l'observer, de comprendre son fonctionnement, de ramener la conscience et de se recueillir en soi.

Les Flammes jumelles ont chacune leur polarité inverse de l'autre. Le yin et le yang pour les âmes.

Une spiritualité juste et ancrée dans l'incarnation physique. Les Flammes jumelles ne sont pas forcément en couple. Il n'y a qu'une fois qu'elles ont accompli chacune de leur côté leurs différentes missions qu'elles peuvent se rejoindre pour fusionner et ne donner qu'une Flamme équilibrée dans sa polarité.

On peut les confondre avec les Âmes sœurs, avec les Âmes jumelles ou bien avec les relations toxiques.

« Chères âmes, je vous aime
toutes de la même manière,
car vous faites partie de moi.
Chaque âme a son importance
et son rôle à jouer dans l'Univers.
Je vous AIME. »

La Source

Les Âmes sœurs, généralement, ont vécu de nombreuses vies ensemble (amoureuse, amicale, familiale…), mais chacune a su garder son individualité.

Les Âmes sœurs ont joué un rôle important dans les vies passées et encore aujourd'hui. Elles reflètent les défauts et les qualités. Le lien entre elles est puissant et doux.

Les Âmes sœurs sont le dernier « niveau » des reconnexions karmiques. Elles se situent après les Flammes jumelles et les Âmes jumelles. Ce sont des âmes que l'on a déjà rencontrées à plusieurs reprises dans des vies antérieures.

Ce sont des âmes de passage qui nous apprennent quelque chose ou qui nous font avancer dans notre chemin de vie.

Une Âme jumelle est, quant à elle, un compagnon de vie, une partie de soi que l'on peut rencontrer à plusieurs reprises dans son chemin de vie.

Lors de leur création, ces âmes ont décidé de se suivre et de se retrouver à chaque incarnation.

Une Âme jumelle est vraiment une partie de soi, comme un égal. La rencontre est fluide, la fusion est directe car c'est comme si on avait retrouvé une partie de soi.

Cette rencontre est souvent assimilée à celle d'une Flamme jumelle alors que ce n'est pas le cas.

La Flamme jumelle est vraiment en polarité inversée, tandis que l'Âme jumelle est comme une facette de soi. C'est pour cette raison qu'il est possible d'en avoir plusieurs. Les Âmes jumelles se suivent, à travers les lieux, les âges et les époques. Lorsque vous redécouvrez une Âme jumelle, c'est une connexion simple et limpide. Cette fameuse sensation comme si vous vous connaissiez depuis toujours. Et c'est généralement le cas.

https://bit.ly/4drD1rl

A contrario, les relations toxiques, c'est souvent un amour fort, parfois unilatéral et envahissant. Cette relation détruit et blesse les êtres qui la subissent. Elle peut être abusive et traumatique.

https://bit.ly/3MeJrOy

POUR SIMPLIFIER LA COMPRÉHENSION

Les Flammes jumelles sont sur un parcours leur permettant de grandir et d'évoluer spirituellement avec une polarité inversée à la vôtre.

Les Âmes jumelles sont des parties de vous qui vous ressemblent.

Les Âmes sœurs sont des parties de vous à un instant T. Elles se modifient ensuite et disparaissent.

« Vivre en paix et en harmonie, les uns avec les autres. Chaque âme s'est incarnée pour faire grandir l'autre. »

La Source

Le parcours des Flammes jumelles

Le parcours est difficile, parfois laborieux. Je constate qu'il est souvent le même pour les Flammes jumelles que j'ai eu la chance de rencontrer. Néanmoins, chaque parcours est unique et il dépend de votre expérience de vie et de votre évolution spirituelle.

https://bit.ly/3ApgufV

Il est nécessaire d'être en capacité de lâcher prise et d'être patient. Bien entendu, la foi, la confiance en soi sont primordiales durant le parcours. Il est important de bien vivre chacune des étapes et de les comprendre pour permettre la guérison de ses blessures et d'évoluer.

Comme un alchimiste, les Flammes jumelles transforment le plomb en or. L'autre sert de miroir en reflétant tout ce qui est au plus profond d'eux à nettoyer. Il est le catalyseur d'un changement profond. Il est primordial de garder son libre arbitre et de faire les choses avec son cœur.

https://bit.ly/4g2ZBrY

Plusieurs ouvrages parlent de sept étapes dans le chemin vers cette transformation. Je rajouterai, quant à moi, une étape fondamentale, initiale au parcours : l'expérience de vie qui est propre à chacun. Cette transformation demande du discernement et un travail sur soi.

En effet, je remarque que les Flammes jumelles se rencontrent très souvent, après une expérience de vie difficile vers 40 ou 50 ans.

De nombreuses personnes m'expliquent avoir vécu des relations traumatiques et toxiques intenses avant de rencontrer leur Flamme jumelle, comme pour travailler, en amont déjà, sur elles. Au minimum, une relation toxique a été nécessaire pour cette prise de conscience.

Certaines Flammes jumelles ont vécu des viols et des agressions sexuelles, demandant une remise en question en profondeur.

Ces personnes ont entrepris un travail personnel sur leurs blessures émotionnelles et sont très avancées dans leurs développements personnel et spirituel. Certaines sont au début de leur travail personnel.

Elles sont très souvent en quête d'un amour profond et vrai. Elles ont le désir ardent d'être aimées pleinement pour ce qu'elles sont vraiment au fond d'elles-mêmes.

Elles ne sont pas uniquement à la recherche d'une relation romantique, mais plus d'une réparation, d'une guérison et de la réunion de toutes les parties fragmentées de soi.

Cette fragmentation a eu lieu au cours des vies antérieures et dans toutes les dimensions du temps. Il y a une quête d'unicité, d'une réunification de l'âme.

Alors commence ainsi le parcours initiatique vers sa Flamme jumelle. Le chemin est long, il peut prendre plusieurs années. Parmi les personnes que j'ai pu interviewer, un couple a pu se réunir après vingt-sept ans de séparation.

« Chère âme,
grandir est ta mission de vie,
sois dans la joie et dans l'AMOUR. »

La Source

1. La recherche (calcination[2])

C'est une période où chaque Flamme jumelle a conscience de ce qu'elle ne veut plus dans son couple, même s'il est stable.

Elle a un idéal de couple et elle recherche une relation la plus épanouissante possible. Parfois, la prise de conscience a lieu dès l'enfance en observant ses parents soit se déchirer, soit au contraire avoir une relation très harmonieuse.

Elle devient plus exigeante et prend conscience de respecter ses besoins. Elle fait d'elle sa priorité en cherchant à se réaliser soi-même. Le processus est alors amorcé.

Dans la mémoire subconsciente, profondément ancrée dans son âme, elle a la sensation d'avoir été séparée en morceaux de sa moitié. Une partie d'elle lui manque.

2. La calcination est un processus chimique dans lequel les métaux liés sont convertis en oxyde sous forme de poudre, de cendre ou de poussière, ou subissent une transition de phase par chauffage. Il s'agit d'une modification profonde qui se met en place pour les Flammes jumelles.

Certaines Flammes jumelles, à ce moment-là, expriment un besoin profond de retrouver leur moitié en faisant des demandes à l'Univers ou des rituels.

Souvent, je me rends compte qu'à ce stade, beaucoup de personnes ne connaissent pas le concept de Flammes jumelles. Elles parlent davantage de rechercher leur Âme sœur.

La rencontre avec la Flamme jumelle n'a pas encore eu lieu mais elle est imminente. Elle peut avoir lieu même si les deux personnes sont en couple ou de sexes différents.

2. La rencontre (dissolution[3])

La découverte mutuelle se fait à travers une reconnaissance d'âme à âme, dans le regard de l'autre, sans vraiment en prendre conscience,

3. La dissolution est un processus de décomposition, de transformation d'une substance appelée « soluté » dans un solvant, afin de produire une solution claire, comme pour le sel et le sucre dissous dans l'eau. Il s'agit ici de comprendre que lorsque les Flammes jumelles se rassemblent, tout semble juste et clair. La rencontre est limpide.

votre âme sait. Un véritable « coup de foudre », une imprégnation, une reconnaissance de ce que vous avez pu déjà être ensemble lors d'une précédente réincarnation.

La rencontre entre les deux Flammes jumelles se déroule dans des conditions magiques et très particulières, rien ne se passe de façon habituelle.

Elle a lieu dans des circonstances particulières et elle est souvent le fruit du hasard (si celui-ci existe). L'Univers est à l'œuvre.

Les deux individus s'apprécient rapidement et très fortement. Un bref contact suffit souvent pour comprendre que cette rencontre est différente des autres.

Elle secoue les deux protagonistes dans leur chair. Une forte attraction physique pousse les deux personnes ensemble. Il y a des signes physiques, le regard et le corps parlent d'eux-mêmes.

Les Flammes jumelles se ressentent dans leur corps et dans leur cœur. Elles peuvent faire l'expérience de l'amour tantrique, une pratique sexuelle et spirituelle sacrée.

Même si la personne ne correspond pas aux standards habituels, il y a une forte attirance physique.

Les deux Flammes jumelles ne cessent de penser l'une à l'autre. Il y a beaucoup de signes, le prénom de l'autre écrit partout, les rêves perturbés… elles se ressentent à des kilomètres. Il peut y avoir des similitudes avec les dates de naissance, les lieux d'habitation, etc.

Elles peuvent faire des voyages astraux le jour et la nuit pour être ensemble et se retrouver. Il n'y a pas de limites dans le temps et dans l'espace.

Les échanges énergétiques sont forts et ils viennent perturber l'équilibre des corps.

L'intensité de cette rencontre équivaut à une destruction atomique.

Un témoin me raconte : « Quand j'ai rencontré ma Flamme jumelle, une lumière rose et bleu était autour d'elle, une vraie apparition, un coup de foudre. »

3. La nuit de noces

Cette période est très forte ensemble et puissante. C'est un état paradisiaque et d'un amour incomparable. Les deux personnes ont la sensation de ne faire qu'un. Une connexion s'est créée dès les premiers instants de la rencontre. Elles ne se quittent plus pendant des jours et des semaines. Il s'agit d'une période forte et importante. Elles font l'expérience de l'amour tantrique, spirituel sacré, et de l'amour physique qui peut être d'une forte intensité.

Il y a une harmonie parfaite, puis les comportements qui dysfonctionnent chez l'autre viennent réveiller des douleurs et déboucher sur une séparation.

La conjonction n'est pas encore idéale s'il reste encore à guérir son soi fragmenté et si l'ego et le jugement ne sont pas encore prêts.

La rencontre avec sa Flamme jumelle vient rouvrir de vieilles blessures émotionnelles non cicatrisées durant l'enfance en lien avec les deux parents. Parfois, les blessures prennent naissance bien au-delà de la vie terrestre actuelle, dans une vie antérieure, ou bien sont transmises par les liens du sang.

Cette relation d'amour inconditionnel ne peut avoir lieu dans l'incarnation. Elle est soumise à des conditionnements relativement forts, empêchant d'être heureux ensemble.

4. La séparation

La séparation est inévitable et nécessaire pour espérer être heureux déjà seul. C'est une période complexe qu'il est important de bien comprendre et d'appréhender dans son ensemble pour grandir chacun de son côté. Cette relation de couple est unique et elle demande un travail sur soi.

La séparation réactive la blessure originelle des Flammes jumelles et va permettre ainsi à la fusion d'avoir lieu en guérissant les blessures. La rupture est généralement violente et inattendue.

Très souvent, c'est le Runner qui met de la distance dans la relation. Il part parfois même sans aucune explication. Il disparaît de ta vie au moment où tu t'y attends le moins, alors que tout semble aller pour le mieux, il part en courant. Certains témoins me rapportent que leur Runner leur a dit « Je t'aime » ou « Je ne sais pas ce que deviendra notre relation » lors de la séparation.

Le Runner est bouleversé par cette relation qui le submerge et le rend vulnérable. Elle l'ébranle et il se sent fragilisé. Il remet à l'Univers son choix de continuer ou non la relation.

Le Runner a de nombreuses blessures émotionnelles et a beaucoup de peurs, dont la peur de souffrir. Certains témoins me disent que leur Runner les « ghoste » sur les réseaux sociaux et ne répond plus aux appels. Il est dans le contrôle de ses émotions et a peur de ce qu'il ressent. Il s'empêche d'aimer et t'empêche de l'aimer, comme s'il ne le méritait pas.

Il te rejette ce qui est sa plus grande blessure et te la fait vivre.

Il ressent de la douleur et de la souffrance, sans vraiment le dire, il ressent une absence, le néant. Il va se perdre dans ses addictions ou dans des relations sans lendemain. Ses blessures sont à vif. Certains seront prêts à les nettoyer, d'autres non.

Même si la personne est avancée dans son chemin spirituel, elle peut aussi fuir les relations. Il s'agit ici d'une question de travail sur soi, d'avoir eu la force de dépasser ses peurs et ses croyances. De lâcher, d'accueillir la vie et d'être soi. D'être dans le moment présent. Il vit sa vie à fond et il se sent libre.

Le Chaser est dans l'incompréhension, il se remet en question et perd confiance en lui. Il subit, n'a pas le choix. Il regarde et il voit celui qu'il aime lui tourner le dos sans explication. Il sombre en premier dans une période de dépression et de souffrance profonde. Il a le sentiment que le sol s'effondre sous ses pieds. Après une période intense, plus rien. Le vide sidéral. Il ne ressent plus les énergies de l'autre qui le nourrissaient et le réconfortaient. Il ne contrôle plus rien, il se sent abandonné. Il essaie de panser ses blessures et de survivre. Il se crée une carapace pour ne plus avoir à souffrir. Il prend ses distances avec les autres, il est dans un moment de détachement des relations interpersonnelles. Il travaille sur lui et sur ses blessures émotionnelles pour pouvoir couper les liens toxiques avec son Runner.

À noter que le Runner est très mal également, mais il ne le verbalise pas forcément. Il a souvent dans ses pensées l'amour qu'il a vécu avec sa Flamme jumelle.

Le Chaser a peur de sortir de sa zone de confort et de lâcher son quotidien. Il perd le contrôle de la situation et les émotions résonnent dans son corps.

Débute alors une période de guérison des blessures émotionnelles. La transformation des blessures sera terminée lors de l'union. Il cherche à comprendre cette relation et fait des recherches sur le sujet.

Le Chaser est celui qui sait, qui chasse et qui travaille sur lui. Il est contrôlant, rigide et matérialiste.

Comme nous l'avons vu, il est construit sur une blessure d'abandon assez forte. Son objectif est d'être le plus aimable possible pour être apprécié de son entourage. Il passe les besoins de l'autre avant les siens. Il s'oublie pour lui.

Il a besoin de contrôler sa vie et de ne rien laisser au hasard. Il est la partie yang du couple. Il a vécu de nombreuses épreuves dans la vie et a laissé son enfant intérieur sous silence.

Ce rôle peut être joué aussi bien par un homme que par une femme.

Le Chaser manque de simplicité et de lâcher-prise. Il va courir longtemps derrière le Runner pour l'attirer à lui.

Il ne s'agit pas de manipulation, c'est un besoin vital de se reconnecter à la moitié de son âme et de ne faire plus qu'un.

Le Chaser a la sensation physique de recevoir un coup de poignard dans le plexus solaire et en plein cœur.

C'est dans l'absence et le silence que guérissent les blessures. C'est l'attitude ou l'absence d'attitude de l'autre qui va le guider sur son chemin.

J'observe dans mes recherches que plus la séparation est longue, plus la blessure originelle est guérie, notamment si le travail sur le développement personnel n'a pas du tout été fait.

C'est lors de cette période qu'a lieu la nuit noire de l'âme (NNA). Une sensation que tout s'écroule autour de soi, une remise en question profonde, etc. Pour affronter les situations, il est nécessaire d'avoir un lâcher-prise et de prendre beaucoup de recul.

On peut se retrouver dans une relation où la communication est malsaine comme l'expose Karpman[4] dans sa description du triangle.

Karpman explique la place et les rôles de chacun dans une relation malsaine. Il parle de victime, de bourreau et de sauveur. Une victime peut nous mettre à la place du bourreau ou du sauveur et *vice versa*. Il est nécessaire de prendre de la hauteur sur chaque relation et d'être en confiance.

4. Karpman est un médecin psychiatre, grande figure de l'analyse transactionnelle et de la psychologie contemporaine. Il enseigna la psychiatrie à l'université de Californie. Sa théorie du triangle dramatique sur les relations dysfonctionnelles, manipulatoires et les jeux psychologiques a été qualifiée comme le E = MC2 de la gestion des conflits.

Le Chaser va aller chercher ses réponses sur tous les plans et dans sa vie personnelle. Les réponses peuvent lui parvenir en rêve ou par intuition. Il est guidé par la vérité.

Il va se rendre compte que la relation a pu déjà avoir lieu dans d'autres vies. Soit la relation s'est faite, soit, au contraire, elle n'a pas pu aboutir.

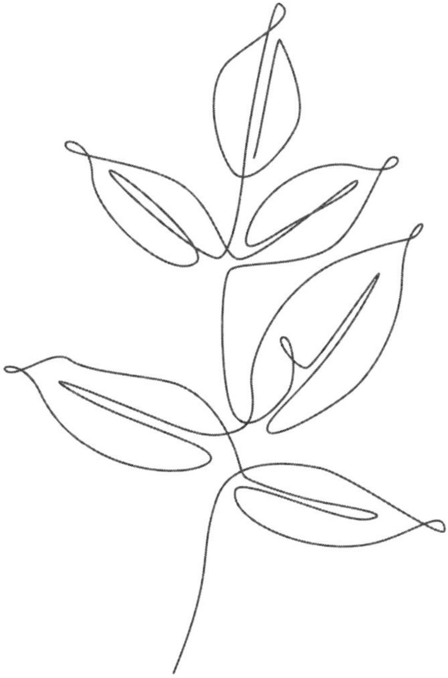

Cette prise de conscience va lui permettre d'évoluer vers son chemin personnel.

Il est nécessaire d'être dans le lâcher-prise et de ne pas être dans l'ego. Le temps est le seul allié dans cette situation.

Un témoin m'explique qu'en la présence de sa Flamme jumelle, il dort mieux. Quand le Runner revient vers le Chaser, celui-ci est troublé et replonge dans ses émotions. Il a beaucoup de mal à prendre ses distances avec le Runner et à le repousser. Il retourne alors dans les bras de celui ou celle qui l'aime comme si de rien n'était en ayant grandi et en s'élevant spirituellement encore plus. Il est à nouveau comblé au niveau émotionnel et a le sentiment d'être à nouveau entier. Il se sent en pleine capacité et surpuissant. C'est une nouvelle nuit de noces.

5. La course

Le Runner est dans le silence et l'ignorance de ce qui est en train de se jouer. Il n'a pas la même connaissance que le Chaser.

Le Runner est davantage dans l'évitement tant que le Chaser n'aura pas aligné son ego, cela peut durer des années. Il sera amené lui aussi à travailler sur ses blessures émotionnelles pour pouvoir accueillir son autre.

Le Runner est facilement identifiable, il fuit, et il revient comme si de rien n'était en sollicitant l'autre. Il a une écriture succincte. Il transmet des messages écrits à l'autre, des semaines plus tard, comme s'ils s'étaient vus la veille. Le Chaser est à chaque fois déconcerté par cette reprise de contact spontanée.

Le Runner est plus léger, il se laisse porter par la vie et le moment présent. Nous l'avons dit, il a du mal à comprendre les mécaniques qui le dirigent. Il s'est construit sur une blessure du rejet et a un visage de façade. Il semble profondément heureux et joyeux. Il a vécu une grosse blessure dans des relations précédentes, il aime mais il souhaite protéger son cœur à double tour dans une armure.

Il a une dominante yin : spirituel et sensible. Son enfant intérieur est très présent, il peut manquer de maturité dans son quotidien, notamment sur les questions émotionnelles.

6. Les retrouvailles

Les retrouvailles seront possibles quand les deux êtres seront alignés, nettoyés intérieurement et extérieurement sur l'ensemble des plans.

Pour exister, leur relation doit être mise dans une bulle qui rend invisibles aux yeux du monde leurs sentiments. Ils attisent la jalousie et subissent des attaques assez violentes (magie noire ou autres).

> Un Runner témoigne : « Je l'ai aimée d'un amour dantesque. Quand je la croise des années après, mon corps frissonne encore. »

Il est nécessaire que les deux comprennent et intègrent leurs blessures émotionnelles. Sinon les retrouvailles ne seront pas à la hauteur de l'attente.

Ils doivent garder confiance en eux et ne jamais douter de leur choix et de l'Univers pour connaître l'extase.

Les Flammes jumelles sont présentes sur le plan terrestre pour accélérer l'évolution de leur âme dans l'intégralité.

Les Âmes sœurs issues de la même famille sont précieuses et elles aident à ces retrouvailles.

L'Univers sera à nouveau à l'œuvre le moment venu pour programmer les retrouvailles entre les deux Flammes jumelles. Les synchronicités sont nombreuses. Il n'y a pas de hasard, tout est orchestré dans votre for intérieur, toute situation est une demande implicite de votre âme pour lui permettre de guérir et de vous aider à avancer. Les synchronicités sont merveilleuses sur notre cheminement. Elles guident nos pas vers notre élévation spirituelle. Il nous suffit juste d'être attentif à ce que la vie nous apporte et nous éclaire comme un phare dans la nuit. Tout est symbole dans l'Univers. Chacun des actes de votre vie a un sens. Les signes qui se répètent dans votre vie sont à comprendre et à conscientiser.

L'âme et l'esprit comprennent et assimilent ce qui est en train de se jouer.

> « Ne vous attachez pas
> à ce qui est déjà parti. »
>
> **La Source**

La seule mission de votre vie : se rapprocher le plus possible de qui vous êtes et de la vie elle-même. Le reste n'a pas d'importance.

Chaque situation de blocage est à regarder comme une expérimentation à dépasser. Juste observer le clin d'œil de l'Univers et lâcher prise. Vous n'êtes pas seul, l'Univers veille sur vous.

Un témoin me rapporte avoir vécu, juste avant la rencontre avec sa Flamme jumelle, un amour assez similaire avec sa fausse Flamme jumelle. La situation est plutôt rare, mais le faux jumeau est là pour préparer la véritable rencontre.
La personne m'explique avoir posé l'intention d'être au clair avec son faux jumeau pour ne plus avoir à douter.
Les retrouvailles peuvent avoir lieu et à nouveau la séparation arrive. Cette nouvelle déchirure permet de retravailler sur ses blessures émotionnelles.

7. La fusion[5]

La fusion se fait dans l'acceptation et la paix pour un avenir de création et d'abondance. Elle peut avoir lieu car il y a un juste équilibre entre les quatre éléments (la terre, le feu, l'eau et l'air) dans leur symbolique.

Il y a une résonance parfaite entre les deux personnes, à tout point de vue.

> Une Flamme jumelle me confie avoir eu un éveil de la kundalini en présence de sa moitié.

La fusion est très intense. Comme la rencontre, elle se veut atomique, et il y a rarement de mots pour décrire cette force.

L'expression sexuelle est divine. Il y a une complétude parfaite entre les deux Flammes jumelles qui se comprennent sans même se parler. L'acte

5. La fusion est le passage d'un corps de l'état solide à l'état liquide. Il s'agit de la réunion de deux personnes en une.

d'amour est toujours consentant et désiré entre les deux Flammes. Une relation platonique ne permet pas la réunion.

Le chemin de l'éveil fait partie intégrante de cette démarche d'élévation spirituelle.

« Je te demande, chère âme,
de bien prendre soin de toi.
N'oublie pas d'être toi
et de ne jamais oublier cela.
Sois l'AMOUR que tu portes en toi. »

La Source

Le lien des Flammes jumelles

Le lien est intense, beau et pur. Les corps et les esprits communiquent et savent sans même se parler.

Une de mes témoins m'indique une parfaite reliance dans le corps : « Quand j'ai faim d'un plat particulier, ma Flamme jumelle réclame, sans le lui dire, le même repas. Elle connaît mes goûts sans réellement me connaître. »

La distance ne sépare pas les Flammes jumelles. Même à l'autre bout du monde, elles se ressentent.

Certaines personnes me rapportent : « Quand je vais bien, ma Flamme jumelle aussi. Si je souffre, elle souffre. » Une Flamme jumelle a même ressenti à distance l'attaque de son autre par de la magie noire.

À longueur de journée et de nuit, comme une obsession, les Flammes jumelles pensent l'une à l'autre. Elles peuvent rêver de la même chose et se retrouver dans les mêmes rêves lucides.

Le lien est fusionnel et déstabilisant au début, tellement qu'il y a une osmose entre les deux Flammes.

La relation sexuelle est divine, parfaite et puissante. La réunification charnelle modifie les énergies vibratoires.

Un témoin m'indique que leurs ébats peuvent durer plusieurs heures, tellement la relation sexuelle est harmonieuse. Et cela même des années plus tard.

Ce lien est d'autant plus fort lorsque chacun a intégré sa polarité et son alignement corps, âme et esprit.

> Une Flamme jumelle témoigne : « Tu es là ! C'est bizarre, tu me manques déjà ! »

Elles sont créations et elles unissent leurs forces contre l'ombre.

Elles s'enseignent entre elles, dans un jeu de communication et d'échange. Leurs âmes s'éveillent entre elles.

La fusion peut avoir lieu quand chaque Flamme a nettoyé ses peurs, ses croyances limitantes, ses blessures émotionnelles, ses dépendances sur tous les plans : physique, psychologique, émotionnel, énergétique et karmique.

« Votre lien est unique et divin.
Vous êtes là pour élever
les consciences
et faire grandir l'humanité. »

La Source

Les blessures émotionnelles des Flammes jumelles

Les cinq blessures de l'âme, décrites par Lise Bourbeau[6], sont présentes pour l'ensemble des personnes. Il existe d'autres blessures beaucoup moins connues comme la maltraitance, la comparaison, etc.

On observe beaucoup de croyances et de comportements limitants nous empêchant d'être nous-même, héritage de notre enfance et de notre adolescence.

Il est donc nécessaire de réaliser un travail d'introspection sur nos blessures, pour être plus libre et ainsi être plus épanoui et équilibré.

Parmi les cinq blessures émotionnelles principales (le rejet, l'abandon, l'humiliation, la trahison et l'injustice), le rejet et l'abandon sont les principales identifiées chez les Flammes

6. Lise Bourbeau est une écrivaine spécialiste du développement personnel, née le 14 février 1941 à Québec, au Canada. Elle a écrit de nombreux ouvrages sur la guérison et les cinq blessures émotionnelles.

jumelles. Néanmoins, le travail sur les cinq blessures est important. Car derrière les blessures émotionnelles se cache la blessure originelle de l'âme.

Ces deux blessures prennent leurs sources lors de la naissance de l'âme quand la division dans les corps s'est faite. L'une a senti l'abandon et l'autre le rejet.

La blessure du rejet explique que la personne a le sentiment d'être nulle et de ne pas avoir de valeur. Cette blessure est vécue durant l'enfance avec le parent du même sexe.

Cette blessure se réactive quand la personne se trouve en présence de quelqu'un qui la met à l'écart. Il est nécessaire de repenser à une situation similaire pour dépasser la douleur.

Pour survivre à cela, la personne a pu mettre un masque de fuyant pour éviter de souffrir du rejet. Alors qu'elle était jeune, elle était un enfant sage vivant dans un monde imaginaire. Et elle essayait par tous les moyens d'être parfaite pour se faire apprécier ou au contraire être un cancre. Elle aimait la solitude et elle avait très peu d'amis. Elle se sentait incomprise et elle avait du mal à se concentrer.

Désormais, la personne a peur de ne pas avoir de valeur et de se retrouver dans des situations de panique. En prenant conscience de cette blessure, elle prend de plus en plus de place et elle ose s'affirmer.

La blessure de l'abandon décrit une personne qui a peur de la solitude.

Elle a manqué d'amour, durant son enfance, venant de son parent du sexe opposé. Cette blessure se réactive quand la personne se retrouve en présence d'une personne du sexe opposé qui a un comportement indépendant affectivement.

On peut également reprocher à la personne d'être indépendante affectivement.

Pour dépasser la blessure, il est nécessaire de repenser à une situation rappelant cette blessure.

Pour faire face à cela, la personne a pu mettre un masque de dépendant. Depuis, elle a peur de manquer d'amour et de la solitude.

Elle a besoin de présence et d'attention permanentes. En prenant conscience de cette blessure, elle peut retrouver l'amour d'elle-même et l'amour inconditionnel.

Dans le cadre des Flammes jumelles, lors de la réunification si l'une des Flammes jumelles est dépendante affectivement et que l'autre fuit par peur du rejet, la relation ne peut pas aboutir.

Si les blessures émotionnelles sont dépassées, les Flammes jumelles pourront s'aimer de manière inconditionnelle et prendre place dans le monde.

Mais pour être pleinement intégrées, les blessures émotionnelles doivent être considérées dans leur entièreté, en acceptant leurs deux facettes (yin et yang). Elles sont un acte d'amour nous permettant d'évoluer. Une fois dépassées, on ne ressent plus de douleur quand les situations de la vie nous redonnent l'occasion de vérifier si nous avons bien compris la leçon.

Un autre facteur important à prendre en compte dans les blessures émotionnelles durant l'enfance pour dépasser cette problématique : la théorie de l'attachement.

En effet, selon John Bowlby[7], la théorie de l'attachement consiste à dire que l'enfant a besoin, pour se développer normalement sur le plan affectif et social, de former une relation affective privilégiée avec au moins un donneur de soins, appelé « figurine d'attachement principale ».

L'environnement familial où l'enfant a grandi joue un rôle essentiel pour le reste de sa vie.

Si la figure d'attachement offre une certaine sécurité, l'enfant grandira sereinement. Il sera un adulte relativement stable et adapté au niveau émotionnel, cognitif et comportemental. Il sera en capacité d'exprimer ses besoins de soutien et de proximité. Il pourra ainsi dépasser sans difficulté ses blessures émotionnelles. Il aura les capacités d'y faire face.

Néanmoins, l'enfant élevé avec une figure d'attachement non sécurisée deviendra un adulte « évitant », il aura tendance à s'éloigner émotionnellement de lui-même et du monde pour se protéger.

7. John Bowlby est un psychiatre et psychanalyste anglais.

C'est un mécanisme de défense qu'il a développé durant son enfance pour survivre dans un contexte où les émotions n'avaient pas leur place. Faire face à ses blessures émotionnelles sera beaucoup plus difficile et plus long.

Certaines personnes ont pu grandir avec un attachement anxieux, avec un grand besoin de proximité pour être rassurées et réconfortées.

Elles ont besoin de sentir le soutien physique et psychique de quelqu'un auprès d'elles pour diminuer leur anxiété.

Face à des parents débordés par leurs propres émotions, et parfois trop protecteurs, l'enfant a opté inconsciemment pour une stratégie dite d'hyperactivation de son système d'attachement afin d'alerter ses figures d'attachement pour recevoir leur attention.

D'autres personnes ont pu grandir avec un attachement désorganisé. Les émotions sont imprévisibles, excessives et dévastatrices.

Le style d'attachement désorganisé a un mélange de comportements anxieux (hyperactivations émotionnelle et comportementale) et de comportements évitants (désactivations émotionnelle et comportementale).

Il est nécessaire de prendre conscience de ses blessures émotionnelles et de l'environnement attachant dans lequel on a grandi enfant afin de les dépasser et d'apaiser son enfant intérieur.

Nous sommes des êtres spirituels constitués d'amour, les blessures viennent créer en nous un vide d'amour et réaliser un travail sur soi permet de reconstituer cet espace d'amour nécessaire en nous.

La souffrance

Si les blessures ne sont pas épurées, une grande souffrance peut avoir lieu lors de l'union.

En effet, l'union va mettre en lumière les zones d'ombre à travailler, les peurs et les blessures, on appelle cela l'« effet miroir[8] ».

8. L'effet miroir, c'est ce comportement qui fait que nous imitons, sans le vouloir, les paroles, les gestes et les attitudes de nos proches.

L'effet miroir est un concept psychologique, ce que l'on ressent intérieurement se reflète extérieurement. Ainsi, la réalité serait une perception de notre moi intérieur.

Notre Flamme jumelle est notre miroir. D'un côté, il y a le libre arbitre et l'individualité, et, de l'autre, une âme qui est réceptive aux réflexions. L'autre nous renvoie les parts d'ombre que nous avons à travailler.

Cette étape est difficile, la séparation a lieu à ce moment-là, car la douleur est insupportable.

« Écoute ton cœur,
accueille avec douceur cette douleur.
Regarde-la sans te juger.
Appréhende-la
et petit à petit
elle diminuera. »

La Source

C'est un véritable déchirement, une douleur profonde dans le cœur. On se sent ralenti et on a beaucoup de peine.

Le plexus solaire[9], siège des émotions, est complètement figé et peut-être extrêmement douloureux.

Cette douleur est profonde, elle touche aussi bien le corps que l'âme. La gorge est serrée et plus rien ne compte.

C'est comme si on avait perdu un être cher. Les silences sont source de douleur. On perd la moitié de soi, de son âme. Nous sommes dans un processus de deuil[10] et le temps est notre seul allié.

La première émotion lors de la séparation, dans le cas des Flammes jumelles, est le choc.

Un mécanisme de défense va se mettre en place, avec le déni. Le refus de croire en la séparation afin d'éviter la douleur et de nier la réalité.

9. Le plexus solaire se situe entre le sternum et le nombril, dans l'abdomen. Il forme un centre neurovégétatif constitué de plusieurs nerfs sortants en forme de rayon solaire pour innerver les organes de l'abdomen.

10. Processus de deuil défini par Sigmund Freud, psychanalyste et psychiatre, né en 1856, il l'associe à un travail psychique réactionnel à une expérience de dépression.

Puis alors, la Flamme jumelle a le sentiment de vivre une injustice et une colère contre elle-même et contre les autres avec l'apparition de nombreuses autres émotions, comme les remords, le dégoût, ou la répulsion. Elle regrette ses paroles et ses gestes.

C'est également une phase de marchandage où l'on désire remonter dans le temps pour changer ses actions et inverser la situation.

Quand la colère s'est apaisée, c'est une période de désespoir. L'entourage a du mal à comprendre la relation entre les Flammes jumelles, tellement les choses sont différentes des autres.

Les Flammes jumelles sont toutes les deux confrontées à la nuit noire de l'âme. La partie éveillée du couple va commencer en premier cette NNA et le Runner la vivra juste avant la réunion.

C'est un état de non-être, la sensation de perdre son âme. Un état de non-lieu, de rien et de dépression. Elle doit faire mourir en elle ce qui ne lui appartient pas.

La Flamme s'isole. Elle laisse la place au divin et fait confiance à son intuition et à l'Univers.

La résignation est l'étape de la perte de l'espoir. La personne abandonne sa lutte pour le changement de la situation et éprouve des difficultés à se projeter dans le futur sans son autre.

L'acceptation est une étape essentielle, la Flamme jumelle apprend à vivre différemment et à reprendre confiance en elle. Elle n'est plus dans le doute.

Après l'acceptation vient la reconstruction personnelle.

Petit à petit, elle reprend goût à la vie et elle prend conscience de son existence.

Elle recherche à nouveau un lien avec le monde et avec autrui, et commence à penser à des projets d'avenir. Elle retrouve peu à peu son énergie, ses capacités, et elle peut réorganiser sa vie.

Beaucoup de changements se mettent en place, extérieur et intérieur, et c'est possible pour tous.

Pour cela, il est nécessaire d'avoir du discernement et de se dépasser pour sortir de sa zone de confort. Le renoncement est la base de tout changement.

Ce cheminement amène à soi-même à condition de le vouloir, de le comprendre et de l'intégrer dans tout son être.

Nous sommes des êtres divins, cocréateurs de notre vie.

La clé est notre amour de soi et l'amour inconditionnel. Mais comment parvenir à cet état de bien-être et de paix intérieure ?

« Vous êtes des êtres divins et d'amour.
Vous êtes venus vous incarner
sur cette Terre pour vivre
les expériences de vie et d'amour.
Votre force est de grandir
à chaque épreuve.
Élevez votre conscience
et votre cœur. »

La Source

La clé : l'Amour

« Je laisse dans ton cœur
mon empreinte, sans cicatrice.
Je traverse ta vie sur la pointe
des pieds en silence. Mes gestes
parlent, mes émotions caressent
ton corps en douceur. Je suis amour
dans le respect et la bienveillance
de mon âme dans la lumière. »

Amaïa

Il est essentiel de reprendre son propre pouvoir, c'est une phase importante dans le processus de guérison. Reprendre cette puissance demande de la force et de la discipline. Les choses arrivent pas à pas, il est important de renforcer ses demandes et de les ajuster au besoin.

Une fois le contrôle de sa vie repris, on lâche prise et on fait confiance à l'Univers. On retrouve la foi en soi.

Nous sommes les artistes de notre vie, les cocréateurs de notre destinée.

« Se guérir pour guérir le monde. »

Amaïa

Prendre conscience que l'on a une difficulté est le premier bouclier qui se lève vers la guérison. Les réponses sont dans notre for intérieur. Chaque problème est là pour votre âme et demande un réajustement ou des changements. La connaissance de soi s'acquiert avec le temps et des efforts.

« Le renoncement
est la base du changement. »

Amaïa

Être conscient que nous sommes un grand tout est indispensable à la guérison durable de notre âme.

Si la leçon n'est pas comprise et intégrée dans la conscience, elle sera répétée encore et encore. Il faut avoir conscience de nos différents corps énergétiques. Nous sommes plus qu'un corps physique et nous devons prendre soin de chacun de nos corps.

Se connecter directement à son cœur est un lien immédiat et unique avec la Source.

« Je demande à n'expérimenter ici
que ce qui est en lien avec la lumière
pure et d'amour pour moi
et ce qui est impur ne m'approche pas.
Merci. »

Amaïa

« La Source est dans ton cœur
au plus profond de tes cellules, tu fais
partie de la Source, de ses énergies qui
remplissent ton être de joie et d'amour. »

La Source

L'âme a choisi de s'incarner sur Terre pour guérir et faire évoluer son âme. Nous sommes là pour comprendre les leçons et expérimenter. Nous ne sommes pas parfaits. Nous sommes là pour vivre les failles. Les problèmes ne sont pas insolubles, il est nécessaire de ne pas se laisser guider par l'ego et laisser la peur s'installer.

« Grandir et évoluer dans l'amour
de soi-même et de son prochain
est ma plus belle mission. »

Amaïa

Une fois que les Flammes jumelles ont conscience de la force et du potentiel de destruction et de fusion atomique de leur union, le voyage vers soi peut alors commencer pour libérer et guérir les blessures et les croyances erronées.

« L'amour ne se cherche pas,
l'amour se vit, sois AMOUR. »

La Source

https://bit.ly/3X9TZo9

La prise de conscience

Lors de leur union, les Flammes jumelles ont mis en lumière comme un projecteur leurs blessures et leurs parts d'ombre. Ce sont de vieilles âmes qui ont vécu plusieurs incarnations.

La prise de conscience est alors violente et puissante. Elle amène les deux protagonistes à protéger leur intégrité et à développer leur amour-propre.

Les Flammes jumelles prennent conscience qu'elles sont les seules responsables de leur bonheur, qu'elles doivent assumer leurs parts de responsabilité et faire de leur vie une priorité.

En dépassant leurs blessures du rejet et de l'abandon, elles se rendent compte qu'elles ne peuvent pas projeter sur l'autre leur manque d'amour.

La relation à l'autre doit être normale dans un amour inconditionnel. Elle trouve la balance dans le développement dans l'amour de soi.

L'amour de soi

L'amour de soi est un sentiment positif, intrinsèque et bienveillant. Il est la façon de se percevoir soi-même, en prenant conscience de ses qualités et de ses défauts et de s'apprécier tel que nous sommes.

C'est être bien dans sa peau et dans le respect de l'autre.

L'amour de soi et la confiance en soi sont les deux piliers qui permettent à l'estime de soi d'exister.

L'amour de soi nous autorise à nous accorder une importance alors même que nous avons conscience de notre imperfection.

L'amour de soi permet d'atteindre un état de plénitude et améliore la qualité de la vie.

L'éloge du bonheur est de devenir celui que l'on a envie d'être. Dans la découverte de soi-même, on avance sans jamais renier ses valeurs.

Dans un premier temps, il est nécessaire d'être dans le moment présent et de calmer son mental. La méditation et la respiration permettent d'atteindre cet état de présence. Il est primordial de lâcher prise et d'être dans l'acceptation de l'impuissance à tout maîtriser.

Puis être dans le cœur, ne pas s'apitoyer sur soi et être positif. Être indulgent en restant doux et positif avec soi-même.

La douceur est un état d'être, un respect envers soi et ses besoins. Elle impose à sa vie du respect. La douceur est le cri que lance l'âme au cœur, pour aller au plus juste et faire ainsi grandir l'esprit. La douceur est notre chemin, un cadeau de soi à soi. Elle est indissociable de l'amour.

Être dans l'amour et ne pas se critiquer, en évitant ainsi la spirale de l'autosabotage.

Réunifier le cœur et l'esprit en devenant pour soi son meilleur allié et en s'offrant des moments de détente et de plaisir. Penser à sa propre évolution, pour être de plus en plus entier et développer sa spiritualité.

Apprendre à se faire confiance, à s'accepter tel que l'on est et se respecter. Ne plus douter de soi et de ses décisions. Le corps est très souvent le siège des émotions, il reprend sa place dès qu'on lâche prise aux apparences. Remerciez-le ! Le plus souvent possible car grâce à lui, vous avez la possibilité d'expérimenter la vie. Ne vous identifiez pas à la douleur qu'il vous inflige parfois, essayez de comprendre le message qu'il vous transmet.

Plus on apprend à se connaître, plus on apprécie ses défauts et ses qualités. Il est essentiel de rester naturel et authentique à ses valeurs pour être pleinement soi.

L'amour peut être vécu de différentes façons grâce au panel d'émotions qu'il y a, une chance de pouvoir le vivre et d'expérimenter cela.

« L'amour est la seule vérité,
il est sacré. »

La Source

L'amour partagé est une source principale d'inspiration.

Lorsqu'une Flamme jumelle est dans l'amour d'elle-même, elle vibre de manière très haute.

Son énergie se diffuse et rayonne pour aider l'humanité. Elle peut être ainsi dans l'amour inconditionnel pour son autre et le monde.

« Chère Flamme, apprends à t'aimer
et à accepter toutes les parts sombres
qu'il y a en toi.
Détache-toi de tout cela
et ressens les vibrations en toi
de l'amour. »

La Source

L'amour autour de soi

L'âme parle quand elle est connectée au cœur. L'amour est création. La souffrance n'est pas nécessaire pour vivre en amour. L'amour est dans le partage et dans le respect. En tant qu'éveilleur de conscience, il est primordial d'être dans le cœur.

Plus la Flamme jumelle envoie dans l'Univers des vibrations d'amour, des vagues d'amour, plus elle se connecte à son autre et au monde.

« Le chemin du cœur
est le plus court trajet vers l'autre. »

Amaïa

Il est souhaitable d'aller vers les autres, de faire de nouvelles rencontres, de nouvelles activités et d'être en joie.

Plus le chakra du cœur est ouvert, plus nous vibrons haut et plus nous pouvons rayonner autour de nous. La connexion avec le divin, l'Univers, se fait de manière plus fluide.

L'amour est la clé essentielle pour les Flammes jumelles, il permet de combattre les ombres et de s'élever au niveau spirituel.

L'amour existe sous toutes ses formes. Les Flammes jumelles partagent entre elles plusieurs amours, où se mélangent la matière et le subtil.

Une complétude où chacun respecte les besoins de l'autre.

Une harmonie parfaite entre l'amour charnel, psychique, émotionnel et spirituel.

La communication entre les Flammes jumelles est fluide et respectueuse.

Lorsqu'on observe le couple de Flammes jumelles, le langage de l'amour est présent.

Les gestes sont tendres et les paroles sont valorisantes. Elles aiment avoir des moments de complicité et se faire plaisir.

On ressent un amour pur et sincère. Une paix intérieure profonde sans aucune colère.

Le pardon

« Le pardon est le parfum que la violette répand sur le talon qui l'a écrasée. »

Mark Twain

Comment apprendre à pardonner à autrui et à soi-même et faire la paix en soi ? Et si c'était la véritable clé pour permettre la réunification des Flammes jumelles entre elles.

Le pardon ne peut être accordé à l'autre, s'il n'est pas accordé à soi-même en premier.

« Pardonne, comme je pardonne
à chacune de mes âmes divines.
Sois dans la lumière, finalement
le reste n'a pas d'importance. »

La Source

Être dans le pardon, c'est s'autoriser à penser en termes d'expériences et non plus penser en fautes ou en erreurs.

Si nous sommes dans le pardon, la leçon est apprise. Les guides spirituels et les anges peuvent nous aider à cela.

La reconnexion à son enfant intérieur permet de reprendre contact avec sa propre histoire. Revisiter ses origines aide à soulever ses blessures et à les transformer en véritable trésor.

« Je me pardonne, je te pardonne
et je nous pardonne avec amour
et douceur. »

Amaïa

Cette reconnexion permet de comprendre sa naissance, les liens entre ses frères et ses sœurs et de mieux comprendre la relation avec ses parents.

Bien entendu, cette étape permet de soulever les tabous, de prendre conscience des interdits, des brimades, des croyances et des enjeux familiaux. Parfois, il est possible de travailler sur plusieurs générations de l'arbre familial et de constater les cycles qui se reproduisent. En prenant conscience de ce qui s'est joué, nous sommes dans le moment présent et on peut entamer ainsi le chemin du pardon.

On vient rassurer notre petit enfant intérieur, pour lui donner de la force et lui apprendre à dépasser ses blessures en pardonnant.

Le pardon est la clé qui ouvre les cœurs blessés et endurcis au sentiment d'amour.

Mais avant de pardonner aux autres, il est nécessaire de se pardonner à soi-même, à son cœur et à ses parts d'ombre.

Se pardonner est un processus qui amène à la paix intérieure. Un long chemin que nous suivons, en laissant derrière nous la douleur pour nous ouvrir au présent et à un avenir sans souffrance.

Nous devons apprendre à accepter qu'à chaque étape de la vie, nous procédons selon notre degré de conscience.

Pardonner d'avoir maltraité son corps et de ne pas avoir suivi ses rêves.

Pardonner de ne pas s'être fait passer en premier, de se mettre toujours au second plan.

Pardonner ne signifie pas oublier ni être indifférent. Au contraire, le pardon est très puissant, et tout aussi profond que le sentiment de gratitude. Pardonner à l'autre est libératoire, modifie sa trajectoire et libère le lien.

Quand nous pardonnons, nous devenons simplement neutre et nous nous libérons de ce lien d'attachement pour être juste en paix.

C'est un acte d'amour envers soi et envers autrui. Le pardon est libérateur.

Les blessures en pardonnant partent et cicatrisent notre cœur qui devient plus doux. Les émotions négatives sont libérées.

Un cœur qui pardonne est un cœur capable d'aimer de nouveau.

C'est un état émotionnel et nous pouvons simplement nous le dire à nous-même : « Je pardonne à telle personne pour m'avoir fait vivre telle situation. » En vous répétant cette phrase dans un état émotionnel rempli d'amour, vous ressentirez le changement.

L'acte du pardon sera transmis à votre cœur, vous pourrez continuer votre route. Vous pourrez même vous souvenir des instants harmonieux et heureux que vous aurez pu vivre avec cette même personne.

Pour pardonner, il est nécessaire d'accepter d'être blessé, de vouloir ne plus souffrir de la situation, de prendre soin de soi et d'exprimer ses émotions.

Le pardon guérit l'âme et panse nos blessures émotionnelles. Pardonner ou demander pardon est un acte courageux, rempli d'amour.

Le pardon à l'autre ne veut pas dire oublier, mais c'est passer à autre chose et redonner à l'autre sa part de responsabilité pour être en paix.

Les étapes pour accéder au pardon :

1 – Prendre conscience de sa blessure.
2 – Refuser la souffrance et rejeter la rancune.
4 – Prendre soin de soi.
5 – Accepter que l'autre ne changera pas.
6 – Comprendre l'origine de la rancœur.
8 – Être authentique et sincère dans son pardon.

Lorsque la Flamme jumelle a pu pardonner toutes les parts d'elle-même et être dans l'amour, elle peut reconstituer un équilibre entre ses polarités yin et yang.

« Le pardon est la clé
pour se sentir serein et ainsi s'élever.
Ne sois pas dans la rancune
mais uniquement dans la joie. »

La Source

« Aujourd'hui, je me pardonne et je te pardonne. Je mets dans la lumière et l'amour cette expérience vécue ensemble. » Ce processus nettoie les mémoires et entraves pour acquérir plus de liberté et d'autonomie dans nos actions. Il s'agit de faire disparaître la colère en soi et de s'apaiser pour mieux avancer et mieux vivre. Il s'agit de changer de perspective, d'être acteur et de prendre ses responsabilités pour ne pas se sentir victime. Accepter ses parts d'ombre est indispensable pour avancer dans son chemin spirituel. Chaque blessure permet de comprendre et d'apprendre.

« Ta guérison ne dépend que de TOI. »

Amaïa

Pour pardonner, il faut savoir lâcher prise. Le seul gardien de notre destinée, c'est nous-même. Nous faisons nos choix en conscience et avec le cœur.

La sagesse

La sagesse de l'acceptation : accepter, c'est laisser venir chaque chose dans la sérénité et l'accueillir. Accepter, c'est vivre chaque expérience dans la certitude qu'elle est juste et qu'elle nous aide à avancer.

Accepter, c'est saisir que nous sommes maître de ce qui nous arrive et c'est comprendre que les plus beaux apprentissages sont ceux obtenus dans l'apaisement de l'esprit.

La sagesse du respect : attendre de l'autre du respect alors qu'on ne se l'accorde pas à soi-même n'est qu'une utopie. Comment être respecté si on ne se respecte pas soi-même ? Ne pas attendre de l'autre qu'il vous construise, il a déjà beaucoup à faire avec lui-même.

L'autre peut être un pilier, un soutien, un socle mais il ne peut pas échafauder votre vie à votre place. Respecter l'autre, c'est d'abord se respecter soi-même.

> « Nous ne sommes maître que
> de ce que nous maîtrisons,
> c'est-à-dire de nous-même. »
>
> Amaïa

Le premier pas vers le respect de soi est l'amour. Tout changement chez vous induit un changement chez l'autre aussi. Faites vos choix dans le respect de vos besoins, écoutez-vous pour que l'autre vous écoute et respectez-vous pour qu'il vous respecte également.

La sagesse de l'attente : quête profonde qui nous ramène à soi-même sur le plus juste chemin. Il est important de ne pas agir sur un coup de tête, imposer à soi-même et aux autres cette attente. La patience est un don, une grâce. Les plus beaux édifices, les plus grands arbres mettent du temps à se construire. Accordez-vous le droit à la lenteur car rien n'est jamais perdu dans l'Univers.

Le temps est précieux. L'Univers n'attend que votre demande pour faire de vous ce que vous voulez.

C'est dans le silence le plus absolu que l'écho de votre voix résonne, accueillant ainsi la vérité profonde, la base de construction de votre être. Cessez cette course folle pour entendre les paroles de votre cœur.

« C'est seulement
quand tu n'attends plus rien de l'autre
qu'alors l'autre revient vers toi,
comme par magie. »

Amaïa

Prendre le temps de déconstruire la relation pour la reconstruire à son image. Le temps dans toute relation est important, il est nécessaire, il permet de comprendre, d'apprendre à se connaître et de prendre de la hauteur. Il permet à chaque Flamme jumelle de guérir de ses blessures et de grandir. Le temps est un allié puissant dans cette relation mais aussi dans toute relation en général. Vivre au présent et accepter ce qui vient. Accueillir les moments de la vie pour aimer et être soi vers le chemin du bonheur.

Le féminin et le masculin sacrés

Les Flammes jumelles sont un miroir divin pour harmoniser et équilibrer les polarités intérieures.

C'est la raison des contraires pour un retour à l'unité. Il n'y a pas d'opposition binaire entre le féminin et le masculin. Ensemble, ils sont dans la création et dans leur mission de vie sur Terre.

L'incarnation du féminin divin permet d'accomplir l'union, il s'agit de la guérison de la séparation. La femme reprend sa place et se reconnecte à son essence divine. Elle prend conscience qu'elle est un être de lumière à l'égal de l'homme. Elle apprend à s'aimer, s'accepter et éprouver de la compassion pour toutes les parties d'elle-même. Elle libère sa lignée familiale, se reconnecte à son âme et se libère de toutes les relations toxiques. Elle rayonne et attire à elle son autre. Elle prend conscience de sa toute-puissance et se reconnecte à la nature. Elle est ainsi alignée dans son féminin sacré. Elle est un être de lumière, une déesse divine.

Ainsi, la Flamme jumelle prend conscience de son plein pouvoir d'être divin.

Au fur et à mesure que la compréhension est unifiée, au-delà de la dualité, la Flamme jumelle comprend qu'elle possède les deux polarités.

Plus besoin d'aller chercher dans l'autre la partie qui lui manque. C'est la fin du déchirement physique et la fragmentation des parties de soi dans un miroir opposé.

La blessure du féminin contient l'énergie masculine « animus[11] ». La Flamme jumelle projette sur l'autre son manque et sa dépendance affective. Elle lui donne dans l'excès tout pouvoir. La relation est toxique, virtuelle et dans la manipulation. Il est nécessaire de retrouver pleinement son plein pouvoir masculin pour garder l'équilibre. Le principe féminin parle de l'abandon, du rejet, de la peur de se révéler et d'un manque de confiance pour développer ses capacités spirituelles.

11. L'animus est, pour le psychiatre suisse Carl Gustav Jung, créateur de la psychologie analytique, la part masculine de la femme. Il s'agit d'un archétype, donc d'une formation de l'inconscient collectif.

La blessure du masculin contient également l'énergie féminine « anima[12] ». La Flamme jumelle a un sentiment de culpabilité et d'impuissance. Elle rationalise et domine l'autre de manière excessive.

L'exploration du masculin sacré est fascinante, on peut en ressortir douze archétypes sacrés. Comme pour les Flammes jumelles, un parcours se dessine et aide l'homme à mieux se comprendre et à appréhender qui il est vraiment. Il peut ainsi se projeter dans l'homme qu'il veut être. De l'enfant au sacrifié, en passant par l'amant, le guerrier, le fripon, l'homme de la nature, le guide, l'artisan, le destructeur, le magicien, le roi et le guérisseur[13].

Le principe masculin évoque la honte, la culpabilité, la haine, l'abandon et la dissimulation.

12. L'anima est le pendant chez l'homme de l'animus. Cet archétype se manifeste tout au long de la vie, projeté inconsciemment d'abord sur le parent du sexe opposé, puis sur les personnes rencontrées auxquelles sont alors prêtées les caractéristiques de cette image.

13. Dagonet Dewr, *Voies sacrées pour Homme moderne*, Éditions Danaé, 2019.

Le travail sur le féminin et le masculin sacrés permet de rééquilibrer le couple et d'avancer dans sa propre voie sacrée.

« Même les plus belles graines
mettent du temps à germer
et à grandir pour devenir
qui nous sommes. »

La Source

La vie est un cadeau, elle peut vous apporter ce que vous avez envie d'être et d'avoir. C'est quand vous comprenez qu'au-delà du matériel, il vous manque l'essentiel, la quête peut commencer.

La guérison de l'âme

Les Flammes jumelles sont là pour alléger la souffrance de l'humanité, motivées par l'amour et la compassion.

Elles traversent les abîmes accumulés par la souffrance karmique de l'humanité engrangée au fil du temps.

Il y a de nombreux contrats d'âmes entre les Flammes jumelles, qu'elles vont devoir épurer sur le plan karmique.

L'âme fait partie intégrante de nous et elle nous relie au divin. La guérir, c'est arrêter de se dissocier de son âme et se relier à la divinité. C'est faire un tout.

Cette guérison est profonde, elle nécessite une libération transgénérationnelle, les histoires qui nous relient avec nos ancêtres.

Elle permet également une libération émotionnelle, un détachement des liens toxiques et une perte des croyances limitantes. Au niveau karmique, elle permet une libération des contrats d'âmes ou des vœux passés.

Cette guérison profonde permet à chaque Flamme jumelle un alignement parfait sur sa voie sacrée.

Chaque Flamme a des charges et des dettes karmiques des différentes incarnations.

Être dans la reliance entre le corps, l'âme et l'esprit. L'âme est le siège du cœur.

« Je demande maintenant
à être mis en connexion directe
et totale avec mon âme
et que cette connexion soit protégée
par la lumière divine.
Indique-moi le chemin de la lumière,
merci. »

Amaïa

La seule chose qui compte et importe, c'est l'instant présent, fugace et éphémère. Le présent définit ce que nous sommes.

Chaque Flamme jumelle s'engage à apprendre à sa moitié un maximum de leçons et *vice versa*.

Guérir ne veut pas dire oublier ce qui a causé le mal. Il s'agit d'accepter en conscience ce qu'il s'est passé. Chaque blessure permet d'apprendre et de comprendre.

L'éveil spirituel

Plus notre fréquence s'élève, plus nous devenons l'amour et plus nous sommes en mesure de ressentir notre Flamme jumelle.

Il est nécessaire que le corps, l'âme et l'esprit soient prêts et alignés.

« Je me reconnecte à mon corps, à mon âme et à mon esprit. » Phrase à se répéter chaque jour pour unifier l'ensemble de son corps.

Il faut beaucoup de recherches, de contemplations, d'introspections et de nettoyage des pensées et des émotions.

Nous sommes contraints de dépasser nos peurs et nos conditionnements sur la peur de l'impermanence, de l'incertitude et de la mort.

Les Flammes jumelles lors de la fin du parcours se retrouvent au service de l'humanité. La rencontre avec les Flammes jumelles ne peut se faire que si les énergies sont hautes et ne sont pas dans la peur.

Les Flammes jumelles travaillent en lien avec l'Univers et ses différentes lois comme la loi de l'attraction.

Elles inscrivent leur volonté profonde en soi et déjà elle devient réalité. Leur taux vibratoire est le même en tout temps et leurs énergies se font écho.

Enseignement de la Source pour transformer les blessures en trésor

« Je laisse le temps guérir
et panser mes blessures
en profondeur. Je suis là, à tes côtés,
pour t'écouter et te regarder
avec patience évoluer et grandir. »

La Source

« La Source souhaite vous aider
sur le parcours des Flammes jumelles.
Sachez chères âmes qu'il s'agit
d'un parcours pour favoriser l'union
entre deux âmes. Il peut être utilisé
pour toutes les âmes. Seulement,
l'objectif des Flammes jumelles est
de retrouver sa part manquante pour
faire un tout et aider l'humanité. »

La Source

Voici plusieurs éléments qu'il convient de faire et de répéter à chaque séparation pour être moins dans la douleur, pour nettoyer et pour faciliter la réunification.

La prière

1. Saint-Germain
Prière à la Flamme violette

Cette prière à la Flamme violette, offerte par Saint-Germain, est une prière qui activera en nous le pouvoir de transformation de la Flamme violette. Le pouvoir secret de cette Flamme magique est bien connu des alchimistes et des sages. La Flamme violette est un mécanisme précieux d'évolution spirituelle et de guérison.

L'Univers est fait de lumière, une lumière de haute vibration. Cette lumière est divisée en sept faisceaux. La Flamme violette est la septième : elle est le pouvoir du changement, un feu violet qui transforme et génère un équilibre et un grand pardon.

La Flamme violette est très puissante dans le cas de la relation entre les Flammes jumelles.

Pour pratiquer cette prière, vous pouvez aussi allumer une bougie « votive » violette en l'honneur de Saint-Germain et de la Flamme violette et purifier le lieu de votre pratique avec un encens Hem par exemple.

Recueillez-vous en prenant trois grandes respirations.

Visualisez la Flamme violette,
imaginez-la purifiant votre corps.
Visualisez la Flamme violette,
imaginez-la purifiant votre maison.
Visualisez la Flamme violette,

imaginez-la purifiant votre ville.
Visualisez la Flamme violette,
imaginez-la purifiant votre continent.
Visualisez la Flamme violette,
imaginez-la purifiant votre Terre.

Nous nous unissons dans le monde
pour prier pour le calme,
Nous prions pour que le monde soit
en harmonie.

Nous prions pour que l'amour remplisse
nos yeux,
Pour que nous puissions voir
ce qui remplit les vies.

Nous prions pour que l'amour remplisse
nos cœurs,
Pour que nous puissions ressentir
combien nous sommes unis.

Maître Saint-Germain, envoyez les troupes,
les anges de l'amour,
Montrez-nous comment vous vivez
dans les royaumes d'en haut.

Nous demandons aussi la paix et le bonheur,
Nous prions pour que la lumière traverse
le monde entier.

Visualisez maintenant que la Terre entière
est purifiée par la Flamme violette.
Visualisez maintenant que votre continent
est purifié par la Flamme violette.
Visualisez maintenant que votre ville
est purifiée par la Flamme violette.
Visualisez maintenant que votre maison
est purifiée par la Flamme violette.
Visualisez maintenant que votre corps
est purifié par la Flamme violette.

2. Archange saint Michel

Prière pour obtenir une protection (d'après la prière de Léon XIII, pape) :

Saint Michel archange, défends-nous dans le combat. Sois notre secours contre la malice et les embûches du démon.

Sois notre secours contre la malice.

Que Dieu exerce sur lui sa puissance, qu'il nous donne la force de témoigner de notre foi. Nous le demandons en suppliant. Et toi, Prince de la milice du Ciel, armé de la force de Dieu, repousse en Enfer Satan et les autres esprits mauvais qui rôdent dans le monde pour perdre les âmes. Amen.

Les méditations

1. La Flamme violette

Méditation sur la Flamme violette :

https://bit.ly/3YVg0sb

2. Les Flammes jumelles

Méditation sur la réunification des deux Flammes à écouter :

https://bit.ly/3YMTBNK

« À la naissance de ton âme,
lors de sa création, celle-ci s'est
divisée en deux parties identiques.
Elles se sont glissées dans deux corps
différents. Tu as vécu des expériences,
dans différentes vies,
et tu as eu plusieurs blessures
émotionnelles. Nettoyage.
Réunification. Paix. Création. »

La Source

Les protocoles

1. Pour couper les liens difficiles avec sa Flamme jumelle

Texte de la Source, canalisé pour couper les liens difficiles avec sa Flamme jumelle (à lire à voix haute, à deux reprises) :

« Je me libère de tous les liens
toxiques qui me lient
avec ma Flamme jumelle,

Je me libère de tous les pactes
conclus entre ma Flamme jumelle
et moi-même,
Je me libère de la douleur
de la séparation
avec ma Flamme jumelle,
Je me libère de tous les contrats d'âmes
passés ensemble pour se faire grandir,
Je me libère de toutes les fois
où nous sommes réunis
et que cela n'a pas fonctionné,
Je me libère de toutes les blessures
émotionnelles que j'ai eues
pour aller vers la lumière,
Je me libère de chercher à tout prix
à réunir nos Flammes jumelles,
Je me libère de la colère et de la rage,
Je me libère du mal
que l'on a pu me faire,
Je me libère ici et maintenant
dans tous les lieux et tous les sens
du temps. »

La Source

Demander en visualisation à Michel archange de couper les liens douloureux avec son épée.

Bonshommes allumettes de Jacques Martel : couper les sept liens des chakras.

https://bit.ly/3YSIcfw

2. Pour nettoyer les contrats d'âmes passés avec sa Flamme jumelle

Ce nettoyage demande beaucoup de patience, car en général, on dénombre de nombreux contrats d'âmes passés entre les Flammes jumelles. Elles ont partagé de nombreuses incarnations ensemble.

Un praticien énergétique peut enrayer l'ensemble des contrats d'âmes et permettre une libération des contrats d'âmes entre le couple de Flammes jumelles.

La technique diffère entre énergéticiens, pour ma part, je préconise de convoquer l'âme de sa Flamme jumelle et de chercher à savoir ce qu'il s'est passé dans les différents karmas pour nettoyer et être dans le pardon.

3. Pour nettoyer les blessures émotionnelles du rejet et de l'abandon

Selon le protocole de Lise Bourbeau, il est nécessaire de prendre conscience de ses blessures pour pouvoir les dépasser et les transcender.

La blessure de l'abandon : tu as peur de la solitude et de manquer d'amour. Cette blessure indique que tu as manqué d'amour venant de ton parent du sexe opposé. Cette blessure se réactive quand tu es en présence d'une personne du sexe opposé qui a un comportement indépendant affectivement. On peut également te reprocher d'être indépendant affectivement. Repense à une situation te rappelant cette blessure. Pour faire face à cela, tu as pu mettre un masque de dépendant. Tu as besoin de présence et d'attention permanentes. En prenant conscience de cette blessure, tu peux retrouver l'amour de soi et l'amour inconditionnel.

https://bit.ly/3YSIqTU

La blessure du rejet : tu as le sentiment d'être nul et de ne pas avoir de valeur. Cette blessure est vécue avec le parent du même sexe que toi. Cette blessure se réactive quand tu es en présence d'une personne qui te met à l'écart. Repense à une situation te rappelant cette blessure. Pour survivre à cela, tu as mis le masque de fuyant pour éviter de souffrir du rejet. Tu as été un enfant sage vivant dans un monde imaginaire. Tu vas essayer par tous les moyens d'être parfait. Tu aimes la solitude et tu as très peu d'amis. Tu te sens incompris et tu as du mal à te concentrer. Tu as peur de ne pas avoir de valeur et de te retrouver dans des situations de panique. En prenant conscience de cette blessure, tu prends de plus en plus ta place et tu oses t'affirmer.

https://bit.ly/4dRig80

4. Lors des périodes de séparation avec sa Flamme jumelle pour alléger la douleur

Être dans l'ouverture du cœur :

Une main sur le cœur, on demande à l'Univers de l'AMOUR par le canal de l'amour et on se dit « Je suis amour », plusieurs fois, jusqu'à ce que l'on ressente l'ouverture du chakra du cœur.

Imaginer un canal de lumière cosmique de couleur rose et or, sur le chakra coronal, nous baignant ainsi d'amour.

Notre aura est expansée à ce moment-là. Les énergies et les vibrations rayonnent autour de la personne.

En rayonnant, elle attire à soi les nouvelles énergies et elle se rend plus attirante.

https://bit.ly/46VlwgD

Pour faciliter la réunification : Les Petites Mignonnes d'Amaïa

Je réalise depuis deux ans des figurines représentant les êtres de la nature. Je les canalise, je les reproduis en pâte Fimo et je les magnétise. Avec un peu de magie, ces figurines deviennent alors comme vivantes et elles disposent d'une énergie incroyable que tout le monde peut ressentir dans son corps.

Elles ont des pouvoirs surprenants, venant réveiller des capacités hors du commun chez leur propriétaire ou bien venant nettoyer d'anciennes blessures émotionnelles. Elles appartiennent à la dimension de Zaïa. Je les ai nommées « Les Petites Mignonnes d'Amaïa ». Elles sont reliées à des énergies subtiles correspondant aux cinq éléments : terre, eau, feu, éther et air.

Lorsque je me connecte aux Flammes jumelles, je canalise des êtres de la nature que je trouve « complets et équilibrés », disposant des cinq éléments, « une quintessence de l'être ». J'ai créé ainsi des couples personnalisés de figurines permettant la réunification du couple de Flammes jumelles.

Dans leur fabrication, elles disposent d'une quantité égale de pâte au nombre d'or, de couleurs identiques et de magie.

La signification des éléments nous permet de mieux comprendre ce que peuvent apporter ces Petites Mignonnes dans la réunification des Flammes jumelles.

— **L'élément terre :** représente le corps et la direction du nord. Cet élément symbolise la planète Terre qui nous porte et nous nourrit, l'ancrage au sol, l'organisation dans la vie concrète, la gestion des ressources, mais également le travail sur le corps, l'expérience concrète et la sensation de sécurité. Lorsque je me connecte à cet élément, pour stimuler cette énergie, j'écoute de la musique classique comme la *Symphonie n° 7, mouvement 2* et la *Symphonie en ré mineur* ou le *Mouvement 3* de Beethoven ainsi que la *Symphonie n° 4, mouvement 2* de Brahms.

L'élément terre est symbolisé par la couleur marron ou verte dans mes figurines, il apporte la sécurité, l'organisation et les réalisations concrètes. Lors d'une relation amoureuse, il sensibilise les cinq sens et amène une découverte de l'autre exceptionnelle.

— **L'élément air** : représente l'esprit, la spiritualité et la direction de l'est. Cet élément correspond à l'intelligence en action, à l'information, au mouvement, à l'adaptation, au développement et à l'expansion dans l'espace par la connaissance et par l'utilisation d'outils et de techniques. L'élément air a besoin de mouvement, de communication, de liens et d'informations. Il permet de favoriser le partage dans l'harmonie, la création des liens et la communication. Lorsque je me connecte à cet élément, pour stimuler cette énergie, j'écoute de la musique classique comme Bach : *Suite orchestrale n° 3 en ré majeur, mouvement 2* ou Berlioz : *Symphonie fantastique, mouvement 2* ou Ravel : *Introduction et allegro*. L'air est représenté en blanc dans la figurine et il rassure et favorise la communication. Il permet d'alléger la souffrance lors des courtes séparations.

— **L'élément eau :** représente l'âme et la direction de l'ouest. Cet élément correspond à l'âme et au développement émotionnel. Il aide au développement spirituel pour le couple de Flammes jumelles. Il est lié à l'expression féminine de l'amour « féminin sacré », à la fluidité et à la communion avec la vie qui prend soin des êtres et des choses à travers un mouvement constitué de cycles, de rythmes et de vagues. Lorsque je me connecte à cet élément, pour stimuler cette énergie, j'écoute de la musique classique comme les danses sacrées et profanes de Debussy ou Beethoven : *String Quartet en do majeur, op. 131* ou Brahms : *Symphonie n° 2, mouvement 3, andante*. L'élément eau est symbolisé par la couleur violette ou bleue dans mes figurines, il amène des émotions, du rêve, de l'évasion et des énergies hautes en vibration, cela se traduit par du bien-être et de l'enchantement. Il favorise l'intimité et la romance.

— **L'élément feu :** représente le mental et la direction du sud. Il correspond à l'énergie, à la conscience, à la volonté, à la motivation, à l'action et à l'expression active ou masculine de l'amour « masculin sacré ». Lorsque je me connecte à cet élément, pour stimuler cette énergie, j'écoute de la musique classique comme Bach : *Toccata et fugue en ré mineur*, Brahms : *Concerto pour piano n° 2, Symphonie n° 3, op. 90, mouvement 1* ou Debussy : *La Mer, mouvement 1*. L'élément feu, de couleur rouge dans les figurines, amène la vie, la réussite, l'efficacité et l'action. Il va favoriser le côté symbolique de la relation, l'engagement, le lien avec l'idéal ou le modèle de référence et ce que symbolisent les actes et les événements.

— **L'élément éther :** représentant tous les éléments réunis. Le lien entre toute chose. Il est partout dans l'Univers et à l'intérieur de tout. Il est source de toute énergie (le centre).

À ce jour, neuf cents Petites Mignonnes d'Amaïa ont été canalisées, créées et magnétisées, elles se promènent à travers le monde. Ce sont toutes des modèles uniques. Une vingtaine de couples de Flammes jumelles ont été créés. Les résultats sont surprenants et allègent en émotion le parcours des Flammes jumelles.

Conclusion

Le parcours pour aller jusqu'à sa Flamme jumelle est périlleux mais tellement intense. Pour atteindre cette extase, il est nécessaire d'avoir transcendé ses blessures en véritable trésor.

Parfois, dans cette incarnation, la fusion des deux Flammes jumelles n'est pas possible. Ce n'est pas une fin en soi, une autre porte peut s'ouvrir et il est important de la saisir pour s'accomplir et continuer son chemin d'éveil.

Vivre l'amour avec sa Flamme jumelle est un choix d'incarnation, mais ce n'est pas le seul moyen de vivre un amour intense.

Quand on a la chance de vivre cet amour véritable, la reliance entre ces deux êtres est exceptionnelle. Elle permet de vivre pleinement, d'avancer et de réaliser sa mission de vie : aider l'humanité dans la joie, la douceur et l'amour. Pour que cette rencontre soit merveilleuse, elle nécessite que les deux âmes aient fait le chemin vers soi.

Je vous souhaite de vivre pleinement cet amour avec votre Flamme jumelle et de découvrir la toute-puissance de la magie des fées. J'espère que ce manuel vous éclairera sur le chemin à prendre vers votre moitié et votre éveil spirituel.

Une suite romancée guidée par la Source est en cours d'écriture pour illustrer ce manuel.

Bonne lecturc !
La fée Amaïa, alchimiste de l'âme

Remerciements

Je remercie toutes les personnes qui ont bien voulu me partager leur expérience et me raconter leur histoire profonde intime avec leur Flamme jumelle.

Je remercie toutes les âmes et ma fausse Flamme jumelle, avec qui j'ai partagé un jour une histoire d'amour et d'amitié.

Chacune, vous m'avez permis de grandir, de m'élever dans la spiritualité, dans la joie et dans l'amour, pour être prête à accueillir l'amour.

Je vous pardonne comme je me pardonne et je nous aime.

Merci à ma Flamme jumelle de me permettre de grandir et de me nourrir de sa sagesse.

Je remercie l'Univers, la Source et mes guides de m'accompagner sur mon chemin spirituel et dans l'écriture de ce livre d'amour.

Je remercie la maison d'édition pour sa confiance, ma meilleure amie Patricia pour son écoute, ma famille, mes amis, le groupe des Féeriques, Bénédicte, Marie-Laure, Delphine, Sandrine et Laurence, mes clients et mes anciens partenaires amoureux qui m'ont aidée à grandir et à ressentir mes blessures émotionnelles.

Je souhaite remercier Ambre médium, Marie Amélie Bezard, Luc Clauzure, Alexandra Desconclois, Michel Dourthe, Sandrine Emeriau et Charles soigne les Maux, des thérapeutes exceptionnels qui m'ont accompagnée sur mon chemin de l'éveil et m'ont encouragée à écrire ce livre.

Aux personnes qui ont témoigné dans ce livre et qui ont pris le temps de me raconter leur histoire.

À Clément, ma Flamme jumelle.

À mes étoiles Nathalie, Christophe Jacob et mes précieux guides d'amour qui m'ont soufflé ce livre.

À vous, lecteurs,

L'Amour est la clé vers soi et les autres.

Avec amour,

Amaïa

Bibliographie

Clemett Catherine Ann et Heartsong Claire, *L'Union de Flammes jumelles : l'ascension de Saint-Germain et Portia*, éditions Ariane, 2012.

Dewr Dagonet, *Voies sacrées pour Homme moderne*, Éditions Danaé, 2019.

La douce Pythie, *Les Flammes jumelles : le parcours spirituel d'une relation amoureuse éternelle*, Éditions First, coll. « Les guides de l'éveil », 2021.

Madérou Julien, *Flammes jumelles : aller au bout du parcours*, Éditions Exergue, 2022.

Maître Saint-Germain, *Je suis l'Esprit : enseignement du Rayon violet et de la Flamme violette*, transmis par Mirena, Éditions Hélios, 2011.

Servera Tony, *Flamme jumelle : quand la rencontre de ton âme jumelle déclenche un éveil spirituel*, auto-édition, 2020.

À propos de l'auteure

Amaïa se décrit comme une fée alchimiste de l'âme qui transforme les blessures en trésor. Elle est médium, énergéticienne et artiste.

Elle est l'auteure du livre *De directrice à médium, il n'y a qu'un pas*. Elle utilise son expérience, des techniques de développement et beaucoup de magie pour accompagner des hommes et des femmes spirituels vers leur chemin de vie.

Elle communique directement avec ses guides et la Source.

Amaïa est également une artiste médiumnique, elle a créé des peintures, des contes thérapeutiques, un oracle et des figurines entièrement magnétisées et personnalisées par canalisation, qu'elle nomme « Les Petites Mignonnes d'Amaïa ».

Cet accompagnement original avec les petits êtres de la nature (les fées, les laminak, les gnomes, les lutins…) permet à ses clients de se reconnecter avec leur enfant intérieur et de libérer leurs blessures émotionnelles profondes.

L'oracle « Les Petites Mignonnes d'Amaïa » est entièrement rédigé par canalisation et illustré.

Retrouvez Amaïa sur ses réseaux :

@amaiaz_64

Amaïa Accompagnatrice Auteure Conférencière

@amaiaz64

Composition et mise en pages
Nord Compo à Villeneuve-d'Ascq

Achevé d'imprimer en octobre 2024
sur les presses de la Nouvelle Imprimerie Laballery
58500 Clamecy
Dépôt légal : octobre 2024
Numéro d'impression : 410126

Imprimé en France

La Nouvelle Imprimerie Laballery est titulaire de la marque Imprim'Vert®